AF340032

RAPPORT

SUR

LE CAMBODGE

Présenté le 24 Janvier 1874

AU MINISTÈRE DE LA MARINE ET DES COLONIES

PARIS

IMPRIMERIE F. DEBONS ET CIE

16, RUE DU CROISSANT

RAPPORT

SUR

LE CAMBODGE

Présenté le 24 Janvier 1874

AU MINISTÈRE DE LA MARINE ET DES COLONIES

> « Tandis que les conquêtes par la force
> entraînent le démembrement des Empires
> et leur ruine, celles de la science, du
> commerce et de l'Industrie leur procu-
> rent des richesses impérissables. »
>
> Frédéric-THOMAS CARAMAN.
> *Tiré de son ouvrage*
> des Russes au Nord de l'Asie.

A M. LE BARON BENOIST-D'AZY

Directeur des Colonies au département de la Marine et des Colonies

Monsieur le Directeur,

Suivant votre bienveillante autorisation, je m'empresse de vous faire un rapport sur le Cambodge.

Le royaume renferme les plus grandes richesses, tout réduit qu'il est, comparé à ce qu'il fut jadis, c'est-à-dire l'un des *trois grands États de l'Asie*.

Le Roi Norodom Iᵉʳ, que la France a placé sous son protectorat, il y a plus de dix ans, est, comme vous le savez, l'unique propriétaire du pays ; de plus, il est le Machas-ché-Vit des âmes, ou maître souverain de la vie de ses sujets. Il a donc les pouvoirs les plus étendus dans son royaume, *en dehors de la politique*. Homme très-intelligent, il a vu et compris dans ses visites de 1872, aux colonies européennes environnantes, combien il avait à faire pour lancer son royaume dans la voie du progrès.

Cette voie lui est toute tracée, puisqu'il veut se mettre lui-même à la tête des grandes entreprises agricoles et industrielles, seules capables de faire rendre à son domaine les plus brillants revenus.

Il est à peu près impossible de rien entreprendre au Cambodge avec l'élément indigène tel que le Cambodgien; il faut forcément avoir recours aux Annamites, aux Malais et aux Chinois.

Les Annamites se livrent spécialement à la culture des mûriers, à l'élevage du ver à soie, aux pêches du grand lac, à la coupe des bois. Bien que faisant un peu de tout, on ne peut en dehors de ces travaux les comprendre dans l'élément travailleur sérieux. — Ils constituent le cinquième de la population.

Les Malais se livrent également à quelques cultures pour leur propre exportation, mais rarement ils travaillent dans d'autres conditions.

Les Chinois, au contraire, sont en tout préférables comme travailleurs. Sobres, tenaces, laborieux, économes, propres par excellence, sans préjugés religieux, ils sont essentiellement pratiques. On peut leur confier toutes les cultures demandant un certain soin. Nous les voyons dans le grand fleuve, à l'île de Ko-Sutin, par exemple, se livrer à la culture des cotons. Les poivrières de Kampot sont entre leurs mains. Ils plantent en quantité d'excellente canne à sucre, des tabacs rivalisant avec ceux de Manille, de l'indigo, etc... — Le commerce d'exportation est en quelque sorte leur monopole et semble appartenir plus particulièrement aux gros négociants de la congrégation du Fo Kien. Ce commerce d'exportation consiste en poivre, poisson du grand lac, graisse pour la stéarinerie et colle de poisson, ivoire, cardamome, coton, indigo, tabacs, bois de teinture et de constructions, peaux et cornes de buffles, cornes de cerfs, etc., etc.

Les Malais et les Chinois constituent un cinquième de la population du royaume.

Il y a trois cinquièmes de Cambodgiens proprement dits.

La population totale est de un million et demi, non compris les peuplades tributaires, calculée d'après l'élément producteur.

Tel qu'il est, le Cambodge n'est cultivé que dans sa 36ᵉ partie. Son chiffre d'exportation s'élève à 60 millions de francs, me basant sur le 1⧸10, où la dîme royale.

L'esclavage pour ainsi dire n'existe pas, puisqu'on peut, moyennant monnaie, se racheter, et qu'on ne devient esclave que pour dette. Malheureusement on s'endette pour des sommes très-minimes, et en dix mois, souvent, si on n'a pas payé les intérêts, le prêt se trouve doublé. On peut juger, *à priori*, combien il est difficile à un débiteur, peu travailleur de sa nature, de se libérer même pendant sa vie. Sa femme et ses enfants répondent pour lui, au cas de mort. C'est ce qui explique pourquoi au Cambodge on peut dire qu'un tiers nourrit les deux autres tiers. L'esclave pour dettes est nourri par son créancier, mais il est sa propriété et lui doit tout son temps et son travail, ainsi que sa famille au besoin.

Les corvées qui entravaient l'agriculture et le commerce ont été abolies par le Roi, sur la bienveillante intervention de notre représentant du Protectorat à P'hnom Penh, M. le lieutenant de vaisseau Moura, qui a décidé S. M. Norodom à abolir les quatre mois de corvée sur douze que lui devait chaque Cambodgien, pour les tranformer en capitation à raison de 22 francs par tête. Il y a près de 400,000 hommes corvéables.

Nous ne pouvons transformer brusquement un tel état social avec les générations présentes ; nous le modifierons progressivement par l'installation d'écoles qui éléveront les Cambodgiens de l'avenir et en feront des hommes. C'est dans ce but qu'appuyé alors par M. Moura, j'avais décidé le Roi à me laisser fonder un collége royal où ses enfants et ceux de ses mandarins ont commencé à apprendre notre langue. La fatale guerre qui me fit répondre au cri de la patrie en danger a tout arrêté, bien qu'un de mes amis, le vicomte Roger do Préval, ait voulu reprendre cette idée féconde. Espérons que plus heureux, M. Moura, comme représentant de la France, pourra, avant de quitter le pays auquel il s'est entièrement dévoué, fonder solidement, avec le Roi, une école française. Cette école, monsieur le Directeur, doit être LAÏQUE pour ne pas froisser la religion indigène. Elle devra avoir comme annexe un établissement d'industrie agricole où tous indistinctement viendront prendre les premières notions du travailleur. L'avenir de la race cambodgienne est là.

Pour le moment, nous pouvons utiliser tout ce qui existe en l'ordre informe où se trouve le royaume ; mais pour agir de suite et promptement, il faut s'adresser à ceux qui peuvent procurer au pays un élément sérieux pour mettre à exécution le projet des *cultures* sur une vaste échelle des riches produits du Cambodge.

Pour certaines entreprises j'ai déjà l'assentiment, voire même la participation du Roi Norodom 1er.

Notre colonie d'Annam et son voisin le Cambodge veulent vivre. Vous vous occupez de ces pays depuis 1857, Monsieur le Directeur, vous vous intéressez à eux particulièrement, m'avez-vous dit. Poursuivez devant le pays le triomphe de cette belle cause : *l'agrandissement de la France en Asie*, et nous vivrons. Si à Saïgon on nous a trop oubliés, au Cambodge ne nous oubliez pas. L'heure des rénovations grandioses a sonné pour le Cambodge comme pour notre colonie d'Annam.

Mettons-nous résolument à l'œuvre, et ne négligeons rien de ce qui peut apporter quelque allégement aux lourdes charges de la patrie.

La question des travailleurs est capitale pour le Cambodge ; d'après ce que j'ai dit plus haut, nous ne pouvons la résoudre, présentement du moins, qu'en nous adressant à l'élément chinois. De l'avis même de M. Moura et de M. de Montjon, notre Directeur de l'intérieur à Saïgon, c'est à cette porte que le Roi dòit frapper pour amener dans ses Etats des travailleurs. Pénétré de cette idée, je me suis entendu avec les chefs de la célèbre congrégation du Fo-Kien, MM. Tang-Keng-Sing frères, les plus considérables négociants de notre colonie. Ces messieurs m'ont promis tout leur concours et ont convenu que la réussite de la mise en culture des produits du Cambodge était immanquable dans un pays aussi riche, aussi fertile, avec un « nombreux élément de travailleurs. » Ils ne demandent seulement au Roi que le dégrèvement de la capitation pour tous les travailleurs qu'ils enverraient au Cambodge, pour le compte de Sa Majesté Norodom Ier.

Vous savez, Monsieur le Directeur, combien sont circonspects et prudents en tout les Chinois et, par conséquent, qu'on peut tenir leur appréciation comme des plus sérieuses et fondées.

Aussi, en traitaut avec ces riches chefs de la congrégation du Fo-Kien, par contrats en règle, le Roi Rest assuré de tous les bras.

J'arrive au capital.

En l'état actuel, le Roi se suffit plus que largement, ses revenus lui permettent de faire face à toutes ses dépenses. Mais, pour se lancer dans les entreprises industrielles et agricoles, comme il convient à son royaume, il doit avoir recours à un emprunt, pour faire face aux dépenses qui lui incomberont de suite. Or, si avec la modicité relative de ses revenus présents il ne peut y subvenir, il le pourra certainement en les échelonnant par 15 ou 20 annuités, avec un intérêt de 10 p. 100 l'an. De plus, le Roi donnerait à la maison de banque ou à la Société financière qui traiterait de cet emprunt, un intérêt à déterminer sur les diverses opérations que cet emprunt permettrait de faire au Cambodge.

La France, après avoir bien pris ses mesures pour que cet emprunt *ne serve qu'aux améliorations à apporter au pays*, doit garantir ce que fera son royal protégé.

Quand un État est encore en enfance, c'est à son tuteur-protecteur qu'incombe le soin de le diriger, et de garantir ses actes. C'est le cas du Cambodge vis-à-vis de la France, vis-à-vis de vous, son délégué-directeur aux Colonies.

Cet appel de càpitaux amènera, d'un autre côté, une période d'affaires brillantes dans la colonie française, sans compter les résultats qu'il aura.

Je me suis occupé de cet emprunt, à Paris, pendant mon court séjour, et j'ai le bonheur de vous dire que sur les bases ci-dessus stipulées, il sera couvert immédiatement par une seule maison dont je ne puis me permettre de citer ici le nom.

Sans la France, le Cambodge n'existe pas ; mais puisque nous l'avons jugé
digne de nous, ne négligeons rien de cé qui doit le faire renaître de ses cendres.
Aidons-le, tel qu'il convient à un père d'élever son enfant, et établissons entre le
père et l'enfant une telle connexité d'intérêts, qu'ils ne puissent jamais se séparer.

Si, suivant nos maîtres en colonisation, les Anglais, le « crédit seul peut asseoir
une nation », contribuons à l'établir pour le Cambodge. Il rompra les fers de l'esclavage, sera l'âme active de l'industrie et du commerce, et par conséquent le
véhicule de leur existence. Un État sans crédit est comme un corps sans vie, c'est un
cadavre ; or la France ne peut pas traîner plus longtemps un cadavre à sa remorque.

La difficulté était de faire comprendre au Roi Norodom Ier ce qu'était un emprunt ;
j'ai eu le bonheur d'y réussir, en adressant un rapport à Sa Majesté le 4 septembre 1872, à Saïgon ; maintenant il ne nous reste plus qu'à profiter des bonnes
intentions royales.

Permettez-moi, monsieur le Directeur, de parler ici des monnaies de Cambodge, question importante dans nos opérations commerciales.

L'or fait défaut sur les marchés et ne sert qu'au luxe royal.

Les monnaies d'argent ont plutôt une valeur fictive que réelle et positive.

La barre ou le *nén* vaut de 16 à 22 piastres ; la piastre mexicaine, qui à Saïgon
vaut 5 fr. 55 c., peut valoir, au Cambodge, 6 fr. 50 c.; la piastre cambodgienne,
cotée 3 fr. 60 c., ne représente que la valeur de la roupie anglaise, ou 2 fr. 50 c.
Ces écarts de monnaie sont décrétés par le Roi, suivant ses intérêts, au détriment
des transactions, quand on est pris au dépourvu.

De cette fluctuation dans les valeurs monétaires, jointe à la massiveté de cette
atroce monnaie lycurguienne, qu'on appelle les ligatures, on peut juger, si on n'y
prend garde, quels ennuis et quelles pertes sensibles le commerce éprouve dans
ses transactions, opérant avec Saïgon et la France.

Un exemple, monsieur le Directeur, pourra vous donner une idée de ces pertes.

Le Roi fait une commande de 100,000 francs ; payant en barres, il en donne 1,000.
Or, à Saïgon, au comptoir d'escompte et au Trésor français, ces barres ne représentent que 83,250 francs au maximum. Ainsi, si l'on n'a pris qu'une commission de
15 pour 100 et fait les avances, on éprouve un déficit considérable. Cependant le
Roi et le comptoir sont dans leur droit, le fournisseur seul perdra s'il ne s'est
mis en mesure.

Dans ces conditions, il y aurait lieu de profiter de l'occasion du premier
emprunt royal fait par le Cambodge, pour faire admettre par notre protégé une
unité de valeur basée sur le système décimal avec des multiples en moins grande

quantité que les sous-multiples, qui conviennent mieux aux indigènes et aux petits commerçants.

Cette question monétaire, au Cambodge, réclame votre attention spéciale ainsi qué celle de vos délégués à Saïgon et à P'hnom-Penh.

La création d'une Banque Royale sous la direction d'un français attaché aux finances, permettrait l'émission du papier-monnaie, tel que cela se pratique en Chine et dans les villes du littoral chinois où sont admis les Européens. De cette façon, on remédierait à un ordre de choses réellement désastreux, tout en fournissant à notre colonie, qui elle-même serait obligée d'en émettre à son tour, un élément de plus à son développement.

Imitons, monsieur le Directeur, les puissances maritimes qui ont des colonies de rapport. La Chine, qui table des affaires par milliards, ne se sert que de papier-monnaie établi entre maisons et reconnu simplement par elles.

Le papier-monnaie est le crédit; or le crédit est l'âme du commerce, il devient une valeur réelle. Que seraient la France et l'Europe sans papier-monnaie ?

En vous priant de patronner un emprunt cambodgien, même de le garantir, je parle au nom des intérêts de notre colonie, aussi bien qu'au nom de ceux du royaume dont Norodom Iᵉʳ est le chef.

Je viens de vous montrer comment pouvait être résolue la double question des bras et du capital, forces composantes ayant une résultante unique : le bien-être général pour la France coloniale, pour le Roi et ses sujets.

L'emprunt cambodgien devrait permettre au Roi l'introduction dans ses États de travailleurs chinois en quantité suffisante pour mener de front les principales cultures et les industries qu'on installerait, suivant les divers centres producteurs, par villages de travailleurs. Ces villages auraient à leur tête des ouvriers français.

Ces ouvriers habitués à la peine, d'une honnêteté irréprochable, intéressés au succès, retireraient d'une expatriation passagère, des avantages qui leur permettraient d'espérer la fortune peut-être pour l'avenir, ou tout au moins l'assurance d'une honnête aisance dans leur vieillesse.

Je vous signale cela comme un des remèdes les plus efficaces à apporter aux tendances socialistes qui ne s'affirment en France comme elles le font, que parce que l'ouvrier souffre, sans l'espoir d'une vieillesse à l'abri du besoin.

Fondons, Monsieur le Directeur, tant au Cambodge que dans le Tong-Kin et dans notre colonie d'Annam, une ligue de la paix basée sur la solidarité du travail et du capital, sur l'association de tous les éléments de la production et sur la participation équitable du travailleur aux bienfaits de la richesse. Enseignons à l'ouvrier de respecter celui qui possède parce qu'il saura qu'il pourra à son tour posséder.

L'émigration chinoise au Cambodge amènera le travail, et ouvrira une ère nouvelle pour le pays et notre commerce.

Devant les résultats qu'on obtiendra, que sont les dépenses? Peu de chose. En effet, le Roi *donnerait à chaque cultivateur des terres ne lui coûtant rien, ferait construire à peu de frais des villages de paillottes, et garantirait à chaque Chinois a nourriture de riz et de poisson pendant les premiers six mois, à raison de 20 centimes par jour.*

J'ai dirigé dans ma briqueterie plus de cent Chinois, sur la concession française à P.'hnom-Penh, et puis certifier ce prix de 20 centimes. Le Roi aura à meilleur compte encore les denrées voulues.

Tous les frais n'iraient pas au delà de 30 centimes par jour et par tête.

L'installation de 10,000 Chinois ne lui reviendrait pas au delà de 540,000 francs tous les six mois, ou cent mille piastres environ. Avec un million de piastres, il pourrait en appeler cent mille.

J'estime que dans les cultures riches des Tropiques, telles que les poivres, les cafés, la sériciculture, les cotons, la canne à sucre, les cocotiers, avec les industries annexes, chaque travailleur donnera un rendement annuel de 1,500 francs en moyenne, ou 150 millions de francs.

Réservant les 2/3 aux travailleurs et 1/3 à l'Etat représenté par le Roi, on ne pourrait que satisfaire toutes les ambitions légitimes de chaque partie.

Les 2/3 de ces produits certainement viendraient enrichir la mère-patrie d'autant.

Ce n'est pas cent mille âmes que le Cambodge peut contenir, mais bien dix fois la population actuelle, ou 12 millions. Il est facile de comprendre l'avenir de cette splendide région si le Roi entre dans les voies que lui imposent ses intérêts et les nôtres.

Le capital et la main-d'œuvre trouvés, je vais vous entretenir des cultures des produits riches propres au Cambodge.

Je terminerai par un résumé des améliorations à faire ou en cours d'exécution, et enfin par un court exposé de la politique avec le royaume de Siam et la France.

I. — RIZIÈRES

Le Bas Cambodge, ainsi que la grande plaine de Compong-Soai et généralement tout le long des rives du Tonly-Sap, offrent des ressources inappréciables à la culture des riz. On peut en planter suffisamment pour alimenter tout le royaume, au lieu de l'aller chercher le plus souvent en Basse Cochinchine ou à Battambong.

Cette culture a attiré spécialement l'attention du Roi qui, pour subvenir à l'approvisionnement d'eau dans les rizières, lors de la baisse des eaux, m'a fait acheter en France des pompes-machines propres à l'irrigation des rizières. La maison L. Neuf et Dumont, constructeurs à Paris, rue Sedaine, 55, a été chargée de cette fourniture d'essai qui ne peut que donner les meilleurs résultats.

Ces messieurs ont déjà fourni à la Société agricole Taillefer et Brou, de Coulao-Nam-Thon, près Mitho, des appareils d'irrigation de ce genre, il y a cinq ans environ.

II. — BOIS

La flore renferme des richesses forestières incalculables, tant par leur étendue que par la variété des essences propres à tous les usages *et facilement exploitables,* à cause de la proximité des cours d'eau.

Il y a bien au Cambodge 4 millions d'hectares de forêts dans les proportions suivantes :

Haute futaie	0,25
Futaie moyenne.	0,50
Taillis susceptibles d'aménagement.	0,15
Bambous	0,10

Une installation de scieries mobiles, comme cela se pratique au Brésil et dans la vallée du fleuve Amour ou Saghalien, fournirait une exploitation des plus profitables sans risques à courir.

On trouverait ainsi au Cambodge largement de quoi satisfaire à toutes les demandes de *bois de construction* dont peut avoir besoin notre colonie d'Annam qui va les chercher à Singapoore et les paye des prix quintuples.

En l'état actuel, l'exploitation se fait d'une manière si désastreuse et si peu profitable, qu'on ne peut en tenir compte en dehors des besoins du Roi.

III. — SOIE

Avant d'aborder cette importante branche industrielle, je vais vous faire connaître l'avis de l'autorité française sur l'avenir des industries séricicoles et sérigènes au Cambodge.

« Le représentant du Protectorat croit pouvoir déclarer que ces deux industries « ont beaucoup d'avenir dans ces contrées entre les mains d'hommes compétents « et pourvus des capitaux nécessaires. »

« Le gouvernement cambodgien fait des concessions gratuites de terrains au « Européens qui veulent se livrer à la sériciculture. »

Ainsi émettait son avis, M. Moura, notre représentant au Cambodge, d'après la demande que je lui en avais faite, le 16 août dernier, avant mon départ de P'hnom-Penh.

Le Roi, désireux d'étendre cette industrie dans son royaume, *pour la France,* s'est engagé à me faire toutes les avances de constructions pour alimenter et faire fonctionner une filature de 200 bassines. S. M. me fit même la gracieuseté de me dire qu'au cas où tout irait bien, elle me donnerait ces constructions, et développerait complétement la sériciculture au Cambodge, d'après les procédés français.

Vous savez, Monsieur le Directeur, que la mauvaise filature indigène est la cause de dépréciation des soies Indo-Chinoises.

Nos vers, au Cambodge, appartiennent, comme en Cochinchine, aux races polyveltines. *Il y a neuf récoltes par an.* Le cocon, quoique moins fourni que ceux d'Italie et du Nord, est assez avantageux néanmoins. Il doit être dévidé dans une eau de 80° centigrade, près de 10° de plus qu'en France, me dit M. Duseigneur-

Kléber, l'un des sériciculteurs les plus distingués de l'Europe, qui s'occupe avec art et passion de cette branche industrielle avec le plus grand désintéressement.

En suite du contrat que j'ai passé avec le Roi, il résulte que je dois fournir à S. M. les plans et devis des constructions à faire pour une filature modèle de 200 bassines; je me suis adressé à M. Duseigneur-Kléber, officier de la légion d'honneur et de l'ordre royal du Cambodge. Ce célèbre industriel a bien voulu se mêler de cette entreprise patriotique et me promettre tous ses conseils, ainsi que de me procurer la première main-d'œuvre pour former des élèves.

M. Aubry-Lecomte, que j'ai eu l'avantage de voir avec M. Duseigneur-Kléber, m'a également donné plein courage et m'a annoncé le succès le plus éclatant si j'étais soutenu directement par le Roi. M. Aubry-Lecomte est expert en l'espèce, et, comme notre commissaire général à l'Exposition de Vienne, il a pu me renseigner sur les soies du Cambodge en particulier.

De tout ce qui précède il résulte, Monsieur le Directeur, que le succès de cette industrie est immanquable, si elle est traitée par des hommes compétents et avec des ressources suffisantes.

M. Moura, notre représentant, a donc eu raison en formulant son avis comme il l'a fait; il s'est rencontré, dans son appréciation, avec des hommes les plus *conséquents* en la matière, tels que MM. Geoffroy Saint-Hilaire, Duseigneur-Kléber et Aubry-Lecomte, qui tous forment des vœux pour cette industrie au Cambodge.

De l'avis aussi de M. de Montjon, notre Directeur de l'intérieur, l'un des hommes les plus au courant de ces régions, le Roi devrait appeler dans son royaume tout ce qu'il pourrait de Chinois, et les engager à faire de la sériciculture avec des ouvriers français pratiques, sortis de nos grandes manufactures de Lyon.

J'avais à cœur de vous faire connaître ces avis divers, irréfutables. Le vôtre, je l'espère, les confirmera tous.

Vous connaissez la célèbre filature de MM. Francfort et Samuel, sise à Chalen, près de Saïgon; vous savez à quel degré inespéré elle est arrivée en moins de deux ans, bien qu'il y ait à y apporter des modifications dont M. Duseigneur-Kléber m'a promis de nous faire bénéficier au Cambodge. Elle est la confirmation du jugement porté par M. Moura, notre savant Représentant du Protectorat.

Cette soie, sortie de la filature de Cholen, a reçu la mention suivante, que je transcris textuellement :

Foncée, tourne passablement, un peu de volle, un peu de déchet, quelques bouchons.

Le titre est : 9 pour 0/0

Les blanches sont les meilleures et sont particulières au Tong-Kin septentrional et au Cambodge laotien.

Voici le tableau des mentions que m'a fourni M. Duseigneur-Kléber :

Bonne propre.
Tourne tres-bien.
   — *assez.*
   — *passablement* (soie de Cochinchine).
   — *mal.*

Même avec les cocons indo-chinois, nous pouvons arriver à *assez bien,* si on apporte les modifications ci-dessus mentionnées et qui porteraient sur le mode de chauffage de l'eau des bassines. M. Samuel, puisque M. Francfort est mort à la peine, devrait, au lieu de chauffer par la vapeur, amener dans les bassines de l'eau chaude à une température constante de 80°.

Cette filature de cent bassines pour s'entretenir de cocons, a obtenu du Roi de Cambodge des concessions de mûrières splendides, qui, il faut l'espérer, la pourvoieront suffisamment de cocons et l'empêcheront d'avoir recours à la Chine méridionale et au Tong-Kin.

Cette filature peut donner environ quatre mille kilogrammes par an, en ce moment.

C'est une fileuse française de Nîmes, Mme Luguet, qui, en moins de six mois, a formé les cent fileuses annamites de la filature Francfort et Samuel. Chaque fileuse reçoit 1 fr. par jour, ce qui est considérable pour le pays, où avec 20 centimes on est logé et nourri, pour des indigènes, dans de bonnes conditions.

Les femmes annamites, comme les femmes cambodgiennes, sont, dans le royaume, éminemment propres à ce genre de travail.

Une femme peut faire , avec un approvisionnement de cocons assuré , 200-grammes de soie filée par jour. Donc 200 fileuses en feront 40 kilogrammes et annuellement quatorze mille quatre cents kilogrammes. Le kilogramme de soie du Cambodge bien filée, avec la mention « tourne assez bien », se vendrait 85 fr. sur les marchés de Lyon.

J'ai pris ce chiffre de 200 fileuses, ma filature modèle de P'hnom—Penh devant être de 200 bassines, et le Roi s'étant engagé à me donner toutes les terres pour mûrières nécessaires à son alimentation.

Le cardage et la presse des déchets de la filature donneraient encore 30 francs par kilogramme.

Il faut ordinairement en Indo-Chine une moyenne de 12 kilogrammes de cocons pour avoir 1 kilogramme de soie filée. Il reste donc 11 kilogrammes de déchets.

Le cardage et la presse utilisent ainsi les 11 kilogrammes de déchets.

1° 6 kilogrammes 66 de déchets au cardage à 30 fr. chaque, ci. . 199 fr. 80 c.

2° 4 kilogrammes 44 de rejets définitifs.

Ces 199 fr. 80 c. doivent s'ajouter aux 85 francs ci-dessus, ce qui donne : 284 fr. 80 c.

Or, ma filature de 200 bassines, fonctionnant *comme elle devra le faire*, c'est-à-dire en employant toute la matière utilisable , donnera autant de fois 284 fr. 80 c. qu'il y aura de kilogrammes de soie filée ; soit pour les 14,400 kilogrammes : 4,101,200 francs.

Vous pouvez, Monsieur le Directeur, faire contrôler ces chiffres d'une exactitude mathématique.

Je traduis par les chiffres ce qu'a voulu me dire notre Commissaire général à l'Exposition universelle de Vienne, en 1873, M. Aubry-Lecomte, qui m'assurait d'un brillant succès, avec l'appui du propriétaire du Cambodge, S. M. Norodom Iᵉʳ, sur le concours duquel je puis entièrement compter, nous trouvant unis l'un à l'autre par l'intérêt, *seul lien durable parmi les hommes.*

Sui copie n° 1 du contrat passé pour 15 ans, entre Sa Majesté Norodom Iᵉʳ et moi, en les règles voulues.

Je vous communique tous ces détails afin d'encourager nos négociants français à donner tous leurs soins à l'extension de cette branche commerciale. Plus un produit riche est abondant, mieux il est accepté par le commerce, surtout quand, comme celui-ci, il est réclamé sur les marchés en quantité toujours supérieure aux productions de la colonie d'Annam et du Cambodge.

Plus nos soies seront abondantes, plus elles seront connues, estimées, plus elles auront de valeur.

IV. — COTON

Établie sur une vaste échelle, cette plantation, comme je l'ai dit au Roi, est une mine d'or inépuisable, même en conservant l'espèce dite courte soie.

J'ai envoyé à M. Moura, en 1872, par Votre département, des graines d'Égypte pour avoir l'espèce *longue soie*, malgré le bon résultat obtenu par la mission catholique et par les planteurs à Ko-Sutin, dans le grand fleuve, je crains qu'il ne faille, tous les deux ou trois ans, renouveler les graines, croyant à une déperdition dans la qualité chaque année.

M. Pierre, notre directeur du jardin botanique de Saïgon, s'est dévoué aux intérêts français, et s'occupe de toutes ces cultures avec une énergie et une intelligence qui en feraient un des bienfaiteurs de la patrie.

Tel qu'il est, notre coton courte soie de Cambodge égrené peut se vendre sur nos marchés jusqu'à 55 fr. les 50 kilog

Pendant mon séjour dans le Midi, à Toulouse, où un de mes oncles bretons, M. Thomas Lapersonne, est plusieurs fois millionnaire, grâce à l'industrie, j'ai pu, avec M. Roux, ingénieur en chef de cette ville, et mon représentant en l'espèce, m'assurer que nos cotons courte-soie du Cambodge seraient on ne peut mieux reçus dans les filatures du Bazacle, même à 53 fr. les 50 kilog

Nos gouvernants ne sauraient donc trop encourager le Roi à protéger cette culture dans son royaume, qui lui est on ne peut plus propice.

V. — INDIGO

L'indigo du Cambodge est une plante d'une haute valeur. Elle y pousse presque sans culture.

Les indigènes ne la préparent que pour leurs besoins très-limités, et encore le font-ils très-mal. Le Roi devrait établir une factorerie-modèle, et sûrement la France retirerait du Royaume un indigo de première qualité valant celui du Bengale.

Les essais fructueux et concluants faits par un de nos anciens colons, M. de Fiennes, au Go-Viap, près Saïgon, militent suffisamment en faveur de cette plante tinctoriale de premier ordre.

Une factorerie royale modèle ne demanderait pas plus de 55,500 francs, soit 10,000 piastres, et donnerait plus de 80 p. 100 de bénéfices.

VI. — CANNE A SUCRE.

La canne à sucre est un des produits riches du Cambodge, qui peut y être cultivé sur une dizaine de mille d'hectares.

La qualité en est exquise, surtout celle à tige mince. On peut en faire deux récoltes par an.

Elle pousse sans grand soin. J'en fis une petite plantation dans le terrain de ma briqueterie, en 1869, et j'en obtins une récolte abondante et délicieuse.

L'installation d'une usine à sucre serait très-profitable au Cambodge, si avant son établissement on s'assurait des moyens de l'alimenter. On n'aurait pas ainsi à faire la rude école qu'à faite l'usine Cresser à Bien-Hoa (Cochinchine française), même appuyée par le Comptoir d'escompte de Saïgon, succursale de celui de Paris. Au lieu de se servir de Chinois comme planteurs, on avait voulu forcer en quelque sorte les Annamites à apporter leur canne à l'usine, et ceux-ci ne l'ont plus cultivée en quantité suffisante. L'usine est à peu près tombée ou peu s'en faut.

Le Comptoir d'escompte devrait s'entendre avec le Roi pour amener tout le matériel de l'usine au Cambodge, et je ne doute pas qu'il y réussirait complètement avec l'appui de ce prince, Premier négociant du pays. Les rois, en Asie, s'occupent spécialement de commerce, avec juste raison. Agissant ainsi, le Comptoir d'escompte, au lieu de perdre peut-être 2 ou 3 millions à Bien-Hoa, les rattraperait vite au Cambodge, avec l'élément chinois.

La canne à sucre du Cambodge vaut celle de Bourbon, à en juger d'après les échantillons qu'à envoyés cette colonie en Cochinchine; sa culture n'absorbera jamais, pour nos besoins, toutes les bonnes terres qu'elle trouvera dans le royaume.

VII. — TABAC

La production du tabac est une des principales ressources de la France coloniale ; le Cambodge est, à juste titre, une des régions les plus favorisées à ce point de vue et peut satisfaire à tous les besoins de l'État.

Le tabac y est de première qualité, il est supérieur à celui de la Cochinchine ; les Chinois, les Annamites, les Malais et les Siamois le recherchent beaucoup. Ni la Guyane, ni la Réunion ne peuvent espérer produire de meilleures qualités à la Régie. Celle-ci, en conséquence, devrait donc s'entendre avec notre Royal Protégé et le déterminer à donner à cet élément commercial des plus avantageux pour la France, tout le développement que nous pouvons en espérer.

Nous avons une très-grande étendue de terrains frais qui sont des plus convenables à la culture du tabac, tandis que les sols humides et marécageux sont contraires.

Je donne ici, d'après M. Cavalier, pharmacien de 1re classe de la marine, la composition organique du sol d'une des plantations les plus riches de la Consolation, à la Havane.

Matières organiques (dont 0,590 humine et 2,345 acide humique)	4.60
Oxyde de fer.	15.25
Alumine	5.00
Silice	72.35
Traces de silicate de chaux et pertes	0.80
	100.00

Je tire ces renseignements de la brochure que M. Aubry-Lecomte m'a communiquée et qu'il a faite sur la « culture et la production du tabac dans les colonies. »

Dans son intéressant travail, M. Aubry-Lecomte dit, en parlant de notre manufacture nationale :

« .... Mais c'est surtout de la Cochinchine que cet établissement doit atten-

« dre son approvisionnement le plus considérable ; les tabacs de cette provenance
« sont, après ceux de Manille, les meilleurs de l'extrême Orient. ».

Or, comme les tabacs du Cambodge sont supérieurs à ceux de Cochinchine, on
peut, à priori, juger de l'avenir qu'ils auront, employés par nos manufactures
nationales. Nous avons, dans la fertile vallée du Mékong :

« 1° Des terrains noirs et légersmêlés de sable fin, « produisant ces fameuses
variétés à tissu fin et jaune, d'un arome exquis, employées à la confection des
régalias ; »

« 2° Des terrains composés de bonne terre meuble, contenant 1|3 environ de
« sable ou de gravier fin, » donnant également des tabacs de premier choix, de
couleur cannelle, préférés par les amateurs de la Havane.

Les tabacs du Cambodge valent ceux que l'on récolte à la Vuelta de Abajo, à
Cuba ; ils ne font défaut que par le mode de préparation indigène, qui est plus qu'im-
parfait.

Notre colonie de Cochinchine, qui fournit 5,000,000 de kilogrammes de feuilles
cultivées sur une étendue de 4,000 hectares, peut donner une idée de ce que ren-
drait le Cambodge, si on considère qu'on pourrait le cultiver *sans aucune
limite*.

Les 25 kilog. ne reviennent pas à plus de 6 francs.

Il y a là une source d'approvisionnement qui n'est à dédaigner ni comme qualité, ni comme prix d'achat, même en l'état défectueux actuel, par nos manufactures nationales.

On sème en octobre et novembre, et l'on repique ensuite. L'engrais employé
est le tourteau d'arachides ordinairement ; il y aurait avantage d'ajouter de la
cendre, afin de faire dominer l'élément potassique. Les expériences de la régie
ont démontré surabondamment que la combustibilité des tabacs dépend en grande
partie de la proportion de potasse contenue dans le sol sur lequel ils ont été
cultivés.

La maison L. Duval et Mahut, de Bordeaux, a jeté les yeux sur cette exportation ; je ne doute pas que l'État ne l'encourage. Je me suis mis entièrement à
son service auprès du Roi, persuadé qu'il y a là de sérieux avantages pour le
pays.

VIII. — POIVRES

Le poivre vient surtout de l'Asie méridionale. Chaque jour, vu la consommation nombreuse qu'on en fait en Europe, le prix tend à augmenter, ce qui fera bientôt redire l'ancien proverbe du dix-septième siècle : « cher comme poivre. »

Sumatra en fournissait une grande quantité, mais depuis la guerre de la Hollande avec le souverain d'Atchin, il ne faut guère plus espérer pour la France, de quelques années du moins, retirer le poivre que des côtes de Siam, du Cambodge et d'Hatien. Ceux de Java sont pris par la Hollande, ceux de l'Inde anglaise par l'Angleterre.

Les provinces de Kampot et de Pursat sont spécialement propres à la culture de cette piperacée, qui demande des soins très-sérieux. Aussi sont-ce les Chinois qui s'en occupent entièrement ou à peu près dans la riche vallée de la rivière de Kampot.

La production totale de la seule province de Kampot est de 12,000 piculs par an, soit 720,000 kilogrammes.

Le picul de poivre, d'après le tarif des chambres de commerce de Saïgon et de Singapore, vaut en ce moment 16 piastres mexicaines, c'est-à-dire 88 fr. 80 c. les 60 kilogrammes.

Le Cambodge ne pourrait guère que quadrupler sa production maximum, qui varie de 16,000 à 20,000 piculs par an.

Il faut de trois à quatre ans pour permettre à un plant d'être en plein rapport.

Le sultan d'Atchin, qui a fait brûler toutes les poivrières qu'il a pu à Sumatra, sera cause d'une grande hausse sur les marchés d'Europe pendant au moins quatre ans; c'est pourquoi de 85 à 90 francs on est monté jusqu'à 105 francs les 50 kilog. Peut-être ne s'arrêtera-t-on pas là.

PRODUITS SECONDAIRES

Par produits secondaires indigènes, je comprendrai ceux qui ne donneront que des revenus considérables comparés à ceux des cultures riches citées plus haut, et n'étant pas d'une vente courante, mais limitée.

Je placerai parmi ceux-ci :

1° Les cocotiers, qui sont un peu fournis par toutes les parties du globe.
2° Le palmier-sucre.
3° Les aréquiers.
4° Les bananiers.
5° De nombreuses plantes textiles, telles que : le jute, l'ortie de Chine au nord, l'ananas, etc.
6° Les arachides.
7° Toutes les résines et huiles de premier choix.
8° La gomme-gutte de première qualité.
9° Une grande quantité de bois tinctoriaux.

10° La graisse de poisson, offrant à nos fabriques de stéarinerie un approvisionnement supérieur.

Voici l'analyse d'un échantillon de cette graisse que j'ai envoyé à Paris en mars 1873 :

Humidité.	2,50
Impureté, matière résineuse et gélatine.	6,00
Graisse stéarique	91,50
	100,00

Titre reconnu. . 39 8/10

CULTURES EXOTIQUES

J'appellerai ainsi les cultures qui, quoique pleines d'avenir au Cambodge, comme dans le reste de l'Indo-Chine, n'y ont pas été encore pratiquées sur une vaste échelle.

Je veux parler des *caféiers*, des *cacaoyers* et de la *vanille*.

M. Pierre, notre savant planteur au muséum de Saïgon, a montré avantageusement que ces plantations étaient destinées à fournir un appoint considérable à la colonisation de l'Inde au delà du Gange.

I. — CAFÉIERS

MM. Pierre à Saïgon et Blanchi à Bien-Hoa ont obtenu des résultats inespérés, on peut le dire, dans les cafés. Si le premier l'a fait en petit, pour la science, l'autre l'a fait en grand pour le commerce. M. Blanchi a eu à lutter contre des difficultés inouïes en principe; mais intrépide planteur, il les a toutes vaincues. En trois ans, il a pu obtenir une plantation de cent mille pieds environ qui va entrer cette année en plein rapport.

M. Blanchi n'a pas dépensé plus de cent mille francs. L'administration coloniale a tellement été satisfaite des résultats, qu'elle lui a donné, en 1873, une subvention de vingt mille francs.

Elle qui avait été si méfiante au début, a dû reconnaître que le travail intelligent de l'homme décidé à réussir, ne reste pas sans triompher de tous les obstacles quels qu'ils soient.

La France devra beaucoup à M. Blanchi qui, le premier, à ses risques et périls, a entrepris l'implantation de cette riche culture dans notre colonie d'Annam.

M. Blanchi connaît les terres du Cambodge, et est convaincu que dans ce royaume, mieux qu'en Cochinchine, on peut atteindre des résultats splendides. — J'en avais parlé au Roi qui, sur l'avis de l'administration, me dit en 1872 qu'il fallait attendre. Si en août de ladite année S. M. s'était décidée, M. Blanchi et moi aurions fait une plantation qui compterait des centaines de mille de plants de caféiers; ils auraient un an et demi environ aujourd'hui.

Parlant de la Cochinchine et du Cambodge, M. Aubry-Lecomte dit : « Cer-« taines parties de ces contrées sont éminemment propres à la production du « café; cette culture n'y est encore qu'à l'état d'enfance. »

Le caféier est un arbrisseau de la famille des rubiacées; le type cultivé en Cochinchine appartient à l'*espèce arabica*. Il croît très-bien dans les terres rouges, parsemées de petites pierres ferrugineuses, comme on en voit à Bien-Hoa. Les terres saines et riches en humus lui sont également propices.

Il lui faut, comme à la vigne, l'exposition au couchant sur le penchant des montagnes, à une hauteur au-dessus de la mer de 300 mètres environ. « La récolte « est généralement plus abondante dans les terres basses, mais la fève a moins « d'arome que dans les situations élevées. »

Le caféier redoute l'ardeur trop forte du soleil et les vents violents du nord. On le préserve par des plantations de bananiers. Dans le Yémen cependant et dans la plantation Blanchi les plantations n'ont aucun abri ou à peu près.

L'engrais le plus fructueux est la cendre, à cause des principes potassiques que la plante absorbe et qu'il faut toujours renouveler.

La récolte en Cochinchine se fait de fin mars à fin août; elle peut être mensuelle.

Chaque plant donne environ 650 grammes; il peut rapporter pendant vingt ans ou cinquante ans. On ne sait donc rien encore sur ce que durera le caféier en Cochinchine.

Le grain observé en Cochinchine est identique au moka; il est petit, rondelet, à pulpe fine et d'un beau vert, très-délicat, d'une saveur exquise.

On ne saurait trop encourager cette culture ; il serait à désirer que l'administration offrît *des primes sérieuses* en Cochinchine, et que le Roi Norodom la fît en grand au Cambodge. *Le succès de M. Blanchi est concluant.* Ce planteur a bien mérité de notre industrie agricole.

II. — CACAOYER

Je veux seulement constater que cet arbre, de la famille des byttnériacées, a très-bien réussi à Saïgon, d'après les essais faits par M. Pierre au Jardin des Plantes de la ville.

Cette culture est encore en essai dans notre colonie d'Annam, mais la richesse exceptionnelle et la profondeur du sol promet d'abondantes récoltes au planteur qui voudrait la pratiquer.

III. — VANILLE

Cette plante grimpante très-riche réussit à merveille en Cochinchine. Tous ceux qui en ont planté ont été très-satisfaits; malheureusement elle n'est encore cultivée que dans les jardins d'essai de la ville de Saïgon et du gouvernement.

———

J'ai esquissé à longs traits ce que nous pouvions faire au Cambodge, avec le Roi, et comment il nous fallait procéder. Vous apprécierez, et dans votre générosité vous tiendrez compte des efforts que j'aurai faits pour vous rallier complétement à notre cause Extrême-Orientale. Quand, il y a bientôt dix ans, je partis après un insuccès à l'école Polytechnique, pour aborder en Cochinchine, une idée m'animait alors : je voulais contribuer à fonder une *Compagnie des Indes françaises*; mais j'étais alors trop jeune, peu expérimenté probablement, et j'échouai.

Depuis, j'ai étudié cette question de *l'agrandissement de la France en Asie;* je crois en avoir trouvé le côté pratique au Cambdoge et dans le reste de l'Indo-Chine. Je me suis inspiré de ces trois morts glorieux qui ont illustré, dans la mission du Mékong, le nom français dans ces régions, bien que souvent je sois resté singulièrement « touché de la profonde indifférence du public pour tout ce qui se « rattache à ce côté de la grandeur nationale, » qui cependant est si intéressant et si nécessaire, depuis nos malheurs immérités.

Soyez le lien entre les intérêts que nous défendons en Indo-Chine et cette « nation jadis aventureuse », qui, dans ces régions privilégiées, trouvera un aliment à son activité naturelle.

Monsieur le Directeur,

Vous n'avez qu'à manifester le désir de voir le Cambodge entrer en pleine rénovation, et cela suffira.

Personnellement j'ai pu décider le Roi, qui depuis dix ans me connaît, à installer en compte à demi, avec moi, une briqueterie-tuilerie pour les travaux d'État. Ceux-ci comprendront la construction de la capitale, de quais, etc. — Suit copie n° 2 de l'acte royal notarié, à Saïgon, la briqueterie-tuilerie royale, dont la maison Boulet frères jeunes nous a vendu les machines.

Je désire voir le Roi marcher comme il le doit, pour répondre à l'attente de sa *mère-chérie*, la France, par laquelle il est tout. C'est pourquoi n'ai-je négligé aucun des moyens pour le rattacher à nos grandes maisons industrielles de France, dont l'honorabilité est la garantie la plus sûre.

Parmi celles-ci je citerai :

1° La fabrique de bronze de M. Denière, régent de la Banque de France, président de la Société générale, etc., qui fait construire dans ses vastes ateliers une barrière du trône d'une richesse digne du protégé de la France. Cette barrière, exposée au Palais de l'Industrie, fera l'admiration de Paris ;

2° La fabrique de MM. Sallandrouze frères, d'Aubusson ; etc.

DE LA POLITIQUE AVEC LE SIAM

QUELQUES MOTS SUR LA POLITIQUE

Deux puissances se sont toujours disputé le Cambodge, cette perle de l'Inde au delà du Gange, comme on l'appelle : c'étaient l'Annam et le Siam.

Tandis que l'empereur Gia-Long, inquiété par des guerres intestines, s'était adressé à la France pour les apaiser, Siam avait profité de ces difficultés pour s'emparer du Laos. Il allait en faire autant du Cambodge, lorsque la France intervint. Malheureusement, et malgré l'opposition de nos gouverneurs de Cochinchine, on fit, il y a quelques années, au gouvernement siamois, des concessions fâcheuses qui ont amoindri notre prestige et compromis l'avenir. En un trait de plume « l'ignorance et la précipitation de notre diplomatie ont laissé ratifier une « usurpation qui sera, et qui est déjà une cause de conflits incessants. » Notre sécurité et nos avantages commerciaux exigent *l'unité de domination sur les rives du grand Lac.* Les provinces de Battambong, d'Ang-Cor et de Chantaburi feront bientôt retour au roi de Cambodge, sans que Bang-Kok ait ou non à discuter *notre protectorat sur le ambôdge.* En cette circonstance, au lieu de combattre l'influence abrutissante des Siamois qui arrêtent partout le développement naturel des pays soumis à Bang-Kok, nous l'avons servi à souhait contre nous-mêmes.

En effet, le commerce pour nous, Français, est libre dans tout le Cambodge, d'après les protocoles du traité conclu entre la France et ce pays, tandis que cette liberté cesse devant les frontières siamoises, soit du côté du Laos ou au grand Lac.

Siam ne cesse de nous créer de très-grandes difficultés afin d'empêcher l'écoulement des produits du Laos vers notre colonie, *cela contre toute espèce de droit des gens.* Notre représentant à P'hnom-Penh ne peut, à lui seul, faire cesser ces difficultés; il serait opportun qu'il reçût à cet effet des instructions précises et que l'on s'en expliquât catégoriquement à Bangkok. D'un autre côté, il faudrait que le roi de Siam renonçât envers les sujets français à des prérogatives surannées et insensées. Des observations sérieuses pourraient lui être faites dans le but de rendre libre, pour la France, le commerce dans tout le royaume de Siam, et enfin qu'on ne vînt plus entraver les transactions par l'exigence insolente qui nous est imposée d'avoir un passe-port siamois. Un laisser-passer traduit en siamois, émanant de nos gouverneurs de Cochinchine ou du Représentant du Protectorat, doit plus que suffire. Exiger davantage à notre égard, serait une prétention plus qu'impérieuse, qu'il n'est pas permis à la petite cour de Siam d'avoir avec la France.

Quand nous aurons conquis dans le nord de l'Indo-Chine ce qui nous revient, nous devrons alors presser le gouvernement siamois de restituer les trois provinces nord du Cambodge. Espérons qu'il nous sera facile de faire comprendre *aux majestés de Bangkok* que la France, *protectrice du Cambodge* a mission pour réclamer une restitution motivée, et que rien ne saurait retarder. Nous réparerons ainsi une faute grave, et *en échange* des provinces limitrophes du grand Lac, « nous pro-« poserons au gouvernement de Bang-Kok les provinces plus septentrionales du « Malu-Prey et de Tonly-Repou, prises par les Siamois, *par trahison, sans qu'au-* « *cun traité ne soit venu sanctionner cette usurpation.* »

J'ai mis ici les propres conseils de notre cher explorateur, Francis Garnier, mort dans le Tong-Kin au champ d'honneur le plus enviable : celui de la civilisation et de l'humanité ! et qui a porté si haut, avec notre brave commandant Senez, capitaine de vaisseau, le pavillon de la France dans ces parages.

Je croirais être incomplet, si je ne venais ici signaler à votre bienveillante attention les hommes qui, au Cambodge, ont rendu les plus signalés services à la cause de la France.

M. Col de Monteiro, secrétaire du Roi et son homme de confiance, d'origine portugaise, a toujours servi nos intérêts dans la haute position qu'il occupe auprès de Sa Majesté Norodom. La France lui doit beaucoup, et plusieurs de nos gouverneurs lui en ont donné des témoignages écrits qu'il conserve précieusement.

M. Boniface Ferrer, d'origine Espagnole, 1ᵉʳ interprète du Roi, attaché à notre corps d'expédition pendant les guerres de 1866, 67 et 68, a sauvé un commandant, aujourd'hui général, et a contribué puissamment, comme interprète officiel de notre corps expéditionnaire, à nous assurer le succès sur les rebelles de Phu-Cam-Bô.

Connaissant parfaitement le pays et la langue, parlant plusieurs idiomes asiatiques, M. Boniface Ferrer peut encore être d'une très-grande utilité à la France. Il y a douze ans qu'il s'est fixé dans ces pays, où il s'est marié.

Pour ces deux braves serviteurs, je crois, Monsieur le Directeur, qu'il y aurait avantage pour nous à les nommer *Chevaliers de l'ordre national.* Ne négligeons aucun des moyens qui peuvent le mieux nous assurer des dévouements, dans les pays nouveaux où nous devons établir notre influence. La France doit toujours récompenser largement les étrangers qui la servent.

Monsieur le Directeur, je termine ce mémoire-rapport, étude rapide et complète sur l'agriculture et l'industrie française au Cambodge. Je la place entièrement sous votre haut et puissant patronage, ayant parlé au nom de notre mère commune, la Patrie ! ! !

Hᵗᵉ-Frédéric THOMAS-CARAMAN,
négociant au Cambodge.

Paris, le 24 janvier 1874.

NOTE - ANNEXE

AU RAPPORT DU 24 JANVIER 1874, REMIS A M. LE BARON BENOIST-D'AZY.

DIRECTEUR DES COLONIES AU DÉPARTEMENT DE LA MARINE ET DES COLONIES

Monsieur le Directeur,

J'ai eu l'honneur, dans l'entretien que M. l'Amiral Ministre de la Marine avait bien voulu me ménager avec vous, de me faire l'interprète des populations cambodgiennes, concernant deux faits graves.

Je veux parler :

1° d'une subvention annuelle que le Roi du Cambodge donne aux Messageries de Cochinchine;

2° De la délimitation des frontières du Cambodge du côté d'Hatien.

Je n'ai eu d'autre intérêt, en portant à votre connaissance les récriminations des grands et des populations, que celui de notre dignité politique.

Par excès de zèle et pour dégrever le budget colonial, il ne faut pas amoindrir notre prestige.

« Sous peine de nous discréditer entièrement auprès des populations par les-
« quelles il ne faut jamais, dans l'intérêt même de notre influence, laisser discu-
« ter notre supériorité, » nous devons apporter, dans nos relations avec le gouvernement cambodgien, plus d'esprit de suite, une vue plus large et plus désintéressée de l'avenir. Nos représentants doivent être les exécuteurs dociles d'une politique aussi invariable dans son but que réservée dans ses moyens; tous leurs efforts ne peuvent tendre qu'à ouvrir au commerce et à l'industrie la plus vaste carrière.

Une *ligne de vapeurs* entre la Cochinchine française et le Cambodge à été créée sous le nom de « *Messageries de Cochinchine.* » La concession et l'exploitation en ont été données par M. l'amiral Dupré à MM. Larrieu, Roques et Cᵉ, avec une subvention annuelle de cent mille piastres, ou 555,000 francs, soit 5,550,000 francs pendant dix ans.

Ces vapeurs rendent, sans contredit, les plus signalés services. Ils nous procurent des communications promptes et sûres. Leur utilité est incontestable. C'est pourquoi M. l'amiral Dupré a-t-il eu raison de décider leur établissement, et le département des Colonies ne peut que leur accorder toute sa bienveillance. La colonie a trop à profiter d'une telle ligne pour ne pas être seule à en supporter les charges. On a reproché, à tort, à M. l'amiral Dupré d'avoir fait cette concession sans l'avoir mise en adjudication, et ainsi d'avoir accordé une subvention trop forte. Ce reproche est immérité. En effet, mis en adjudication, le service des Messageries de Cochinchine n'aurait pas été donné à des Français, il eût été plus que probable que seules les maisons allemandes en eussent bénéficié, ce que nous devions à tout prix éviter. M. Dupré a agit en Français, en Alsacien, en sacrifiant la question de droit à celle du patriotisme.

Mais le service régulier, si profitable au commerce de la colonie, ne l'est nullement ou à peu près au Roi, qui n'en profite pour ainsi dire pas. Il ne me semble donc pas juste qu'on accepte de lui un allégement annuel d'environ 25,000 piastres, sur 100,000 piastres que nous donnons à MM. Larrieu et C°. — Les Cambodgiens ont été très-désagréablement surpris de ce don royal, et, à tort ou à raison, ils nous accusent, *entre eux*, de vendre notre protection à Sa Majesté Norodom Ier. Il est de notre dignité, je le crois, monsieur le Directeur, comme j'ai eu l'honneur de vous le dire, de renoncer à la subvention royale.

J'arrive à la délimitation de la frontière du côté d'Hatien.

Cette nouvelle délimitation ne procure aucun avantage réel à notre colonie d'Annam. Cette langue de terre, de quelques kilomètres carrés, n'a rien ajouté à la sécurité de notre frontière. Le Cambodge ne fait-il pas partie, en quelque sorte, de notre colonie. D'un autre côté, nos revenus n'y ont rien gagné.

Vous m'avez fait observer que nous aurions donné au Roi quelques compensations territoriales, sur un autre point, et qu'ainsi vous pensiez que Norodom Ier devait être satisfait. Certainement, il le sera toujours, et voudra ce que nous voudrons. *Peut-il rien nous refuser?* Ne sait-il pas qu'il n'est que par la France ? Et pour lui nos désirs sont des ordres. Nous avons eu tort de désirer ce qui ne pouvait pas être. Ces considérations doivent nous rendre d'autant plus réservés, que nous pouvons mieux user de notre droit de suzeraineté.

Tout Roi et omnipotent qu'il puisse être, grâce à nous, Norodom Ier doit respecter les lois constitutives de l'Etat.

Le royaume, propriété royale, ne lui revient qu'à titre d'usufruit. Il peut lui faire rendre tout ce qu'il voudra, mais jamais en aliéner la moindre parcelle. Il ne peut que louer des terrains à ses sujets, les leur vendre jamais. La guerre peut en disposer autrement. Alors il y a cas de force majeure. — Lorsque nous l'avons placé sur le trône, et que, *pour le protéger,* nous lui avons demandé quelques centaines de mètres d'un terrain inculte et inondé aux grandes eaux, sur la rive droite du Mekong, il a fallu la croix et la bannière pour l'obtenir. C'est à grand'peine que son conseil a pu s'y résigner. Vous comprenez, Monsieur le Directeur, quel fâcheux effet a dû produire sur les Cambodgiens cette dernière cession territoriale, non motivée, à la France qui avait toujours représenté, pour eux, la protection la plus franche, la plus loyale et la plus généreuse.

En signant la cession territoriale de délimitation vers Hatien, le Roi n'en avait pas le droit; il a mécontenté tous les grands du royaume et son peuple. J'ai causé avec les uns et les autres, et ne suis que leur interprète *très-modéré.* L'inspecteur qui a provoqué ce recul de frontière a trompé la religion de l'administration de Saïgon, il nous a compromis devant les populations et les gouvernements indo-chinois. Et cependant, en présence des événements qui vont se dérouler dans l'Inde transgangétique, nous devons, au contraire, avoir à cœur de nous conserver des alliés fidèles et dévoués.

Pour que ces peuples respectent les traités, respectons-les nous-mêmes. Ménageons et dirigeons ceux que nous protégeons. Je n'estime pas qu'il soit sage et politique de prendre leur argent ou les dépouiller de parcelles de terre insignifiantes à tous les points de vue.

Vous voudrez bien envisager ce qui précède sous son vrai jour. Je vous prie, au nom de l'avenir du commerce et de l'industrie française, de faire revenir sur ce qui a été fait. Rendez au Cambodge ce que, comme protecteurs et amis, nous ne pouvons recevoir ni garder; les lois du royaume s'y opposent formellement ainsi que notre dignité, je le répète. Nous, les victimes de la maxime germaine : *la force prime le droit,* nous ne pouvons en user ainsi avec un fidèle allié et ami, comme le roi Norodom Ier, qui toujours a donné des preuves de son affection filiale envers la France.

Nous avons à demander bien plus au Roi et à son royaume : *l'application du programme que je viens de vous exposer.* Rien de durable ne saurait se fonder par la force.

M'inspirant de Francis Garnier, je me permettrai de vous dire :

Les conquêtes pacifiques que j'ai en vue peuvent être hautement avouées. Chacune d'elles fera plus pour notre influence qu'un régiment ou une prise de parcelles de territoire. Aujourd'hui la science est le véritable, le légitime conquérant, ses horizons sont vastes et sans bornes pour l'industrie et le commerce.

Seules, les populations que l'on a initiées à la civilisation, dont on a augmenté le bien-être ou *les jouissances intellectuelles,* peuvent, sans colère ou sans honte, reconnaître des vainqueurs. Sur ce terrain, la France peut prendre dès aujourd'hui d'éclatantes revanches. Les victoires qu'elle y remportera, si elle sait se souvenir et vouloir, enrichiront l'humanité et ne lui coûteront ni une goutte de sang ni une larme. Nous revendiquerons ainsi notre part de l'un des plus sublimes et des plus grands devoirs qui incombent aux nations civilisées.

Relevons au Cambodge, et dans le reste de l'Indo-Chine, pour nous l'*Inde française retrouvée*, notre commerce et notre industrie, épuisés par tant de sacrifices, compromis par tant de lourdes charges. Offrons des débouchés et des éléments de richesse indiscutables à l'activité de la patrie.

En un mot, monsieur le Directeur, préférons au soin de nous faire craindre celui de nous faire aimer partout où est le drapeau de la France !

Hte-Frédéric THOMAS CARAMAN.

ROYAUME
DU CAMBODGE

P'hnom-Penh, le 18 août 1873

Cabinet du Roi

N° 83,

Nous,
Somdàch Preà Norodom Preà Chan Crung Campuchéa,
Roi du Cambodge.

Sachant que vos travaux littéraires d'histoire et pour les sciences se portent aussi sur le Bouddhisme, et comme correspondant collaborateur du journal la *République Française*, je vous assure de tout mon concours royal pour faire à votre retour, tant que vos affaires le permettront, dans mon Royaume, toutes les études les plus sérieuses, et je vous faciliterai toutes visites et voyage aux ruines d'Angcòr et ailleurs. Je vous assure aussi de tout l'aide et l'appui du pape des bonzes et de tous nos bonzes dans vos recherches.

Croyez à tout mon royal attachement et revenez le plus tôt possible.

Apposé le cachet,

à M. THOMAS - CARAMAN

NORODOM

La présente signature est certifiée celle de S. M. le Roi du Cambodge.

Par délégation du Contre-Amiral, Gouverneur et commandant en chef.

Le Chef du secrétariat,

CHOMEREAU-LAMOTTE

Suit la traduction.

Vu pour légalisation de la Signature de M. Chomereau-Lamotte
PARIS LE 9 DÉC. 1873.

Le Ministre de la Marine et des Colonies
PAR DÉLÉGATION DU MINISTRE

P. le Directeur de la Comptabilité générale
Le Chef du bureau du service
intérieur et des Bibliothèques

X° CORDIER

ROYAUME

DU

CAMBODGE

CABINET DU ROI

N°

Entre Sa Majesté Norodom I**, Roi du Cambodge, et M. Hippolyte-Frédéric Thomas-Caraman, négociant à P'hnom-Penh, a été arrêté et convenu ce qui suit :

ARTICLE PREMIER.

La France faisant un grand commerce de soie , Sa Majesté a décidé d'étendre et d'encourager l'industrie séricole dans son royaume d'après la manière française.

ARTICLE II.

Sa Majesté s'engage de faire toutes les constructions pour cette industrie de soie, pour alimenter deux cents bassines, d'après des plans que M. Frédéric Thomas-Caraman lui fournira. Quand ces constructions seront faites et que les filatures marcheront, alors M. Frédéric Thomas-Caraman paiera dix pour cent des dépenses employées pour construire, et justifiées.

ARTICLE III.

Sa Majesté s'engage à donner gratuitement les terrains sur le bord du fleuve ou autre endroit pour faire des mûrières sur les terres non occupées. Un mandarin sera chargé par le Roi de mesurer et délimiter les terrains.

ARTICLE IV.

Ce contrat est fait pour quinze ans à partir du jour où les constructions seront terminées.

ARTICLE V.

Sur les produits, Sa Majesté aura cinq pour cent pendant la première année, et les quatorze autres années, Sa Majesté aura dix pour cent de chaque année.

ARTICLE VI.

Monsieur Frédéric Thomas-Caraman se rendra en France pour trouver une Société ou une maison qui fera, avec lui, la soie dans notre royaume, d'après ce contrat. Son frère, docteur-médecin, propriétaire de Forge-les-Eaux (Normandie), peut recevoir sa procuration pour cela.

Fait à P'hnom-Penh en triple expédition, en Cambodgien et en Français , le trente janvier mil huit cent soixante treize.

Vu et approuvé ce que dessus

H.-FRÉDÉRIC THOMAS CARAMAN

Vu pour la légalisation de la signature de M, Frédéric Thomas Caraman et le cachet du Luc Ac. Kha-reac-Chenda, trésorier général du Roi du Cambodge (le cachet tient lieu de signature.)

P'hnom-Penh, le 17 février 1873

Le représentant du protectorat.

MOURA

Vu pour la légalisation de *M. Moura, opposée d'autre part*

Par délégation du Contre-Amiral, Gouverneur et commandant en chef.

Le chef du secrétariat,

A. DE MONTJON

Suit la traduction et ensuite :

Vu pour la légalisation de la signature de M. de Montjon
PARIS, LE 9 DÉC. 1873
Le Ministre de la Marine et des Colonies
PAR DÉLÉGATION DU MINISTRE
Le Directeur de la Comptabilité Générale
Le chef du bureau du service
intérieur des Bibliothèques
X. CORDIER

CONTRAT DE LA BRIQUETERIE-TUILERIE

Nous Préà bat Soundâch Préà Norodom Ier, Roi du Cambodge,
Faisons un contrat avec M. Frédéric Thomas-Caraman, demeurant à P'hnom-Penh.
pour établir une briqueterie-tuilerie, marchant par les machines à P'hnom-Penh

ARTICLE Ier.

La briqueterie-tuilerie fonctionnera pour notre gouvernement et pour toutes les constructions d'Etat et de notre capitale.

ARTICLE II.

M. Frédéric Thomas-Caraman achètera en compte à demi avec nous, des machines pour faire les briques et les tuiles.

ARTICLE III.

Sur les briques et tuiles prises pour faire nos travaux d'État et notre palais, M. Frédéric Thomas-Caraman aura la moitié pour lui sur le prix de vente.
Un employé français devra veiller à ces travaux et sera payé par moitié par chacun.

ARTICLE IV.

Ce contrat est valable pour cinq ans, à partir du jour où marcheront les machines.
Fait à P'hnom-Penh en double expédition, en français et en cambdogien chacune, le trente janvier mil huit cent soixante-treize ; approuvé ce que dessus. Signé : Frédéric Thomas Caraman. Ensuite est apposé le cachet du Luc-ac-Khureac-Chenda, trésorier général du Roi de Cambodge (le cachet tient lieu de signature).
En marge est écrit :
Vu pour légalisation de la signature de M. Frédéric Thomas-Caraman et le cachet du Luc-ac-Khureac-Chenda, trésorier général du Roi du Cambodge (le cachet tient lieu designature).
P'hnom-Penh, le 17 février mil huit cent soixante-treize.

Le représentant du Protectorat.

Signé : MOURA.

Vu pour la légalisation de la signature de M. Moura, apposée d'autre part, par délégation du contre-amiral gouverneur et commandant en chef.

Le chef du secrétariat.

Signé : DE MONTJON.

Certifié véritable, signé et annexé le présent contrat à la minute d'un acte de dépôt

d'un acte sous seing privé avec reconnaissance d'écriture et de signature r
M. Coudray de Lauréal, greffier-notaire soussigné, assisté des témoins instrum
également soussignés, le vingt-huit mars mil huit cent soixante-treize, signé :]
Thomas Caraman, Langellier, Faraut, et Mᵉ Coudray de Lauréal, ce dernier ɡ
notaire.

Ensuite est écrit :

Enregistré à Saïgon, le vingt-neuf mars mil huit cent soixante-treize, folio
vingt-huit, case neuf, reçu deux francs cinquante centimes.

Signé : CAMOUILLY.

L'an mil huit cent soixante-treize, le vingt-neuf mars.
La présente expédition a été collationnée par Mᵉ Coudray de Lauréal, greffier
soussigné, et délivré à M. Frédéric Thomas dit Caraman.

COUDRAY DE LAURÉAL, gr.-not.

Vu pour légalisation de la signature de
M. Coudray de Lauréal, greffier-notaire
à Saïgon,
Certifions en outre que le timbre n'est pas
en usage dans la colonie.
Saïgon, le 29 Mars 1873.
Le juge de 1ʳᵉ instance

JOUSLAIN

Vu pour la légalisation de la signature de M· *Jouslain, apposée ci-dessu*
par délégation du contre-amiral, gouverneur et commandant
en chef

Le Chef du secrétariat

DE MONTJON

Vu pour légalisation de la signature de M. de Montjon
PARIS, LE 7 JANV. 1874
Le Ministre de la Marine et des Colonies
PAR DÉLÉGATION DU MINISTRE
Le Directeur de la Comptabilité Générale
Le chef du bureau du service
intérieur des Bibliothèques
X. CORDIER

Paris. — Imprimerie F. DECONS et Cie, 16, rue du Croissant